火を使わないで作る ごはん

うれしい包丁デビュー！

著 寺西 恵里子
Eriko Teranishi

日東書院

ひとりでできる! For Kids!!

火を使わないで作る ごはん

うれしい包丁デビュー!

- P.4 はじめに
- P.5 作りはじめる前に

切って巻く! はさむ!

- P.26 生春巻き
- P.28 スタッフドバゲット
- P.30 ピンチョス
- P.32 おにぎらず
- P.34 サンドイッチ
- P.36 キンパ

切って混ぜる! のせる!

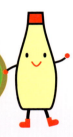

- P.12 3つのディップのカナッペ
- P.14 ポテトチップスサラダ

- P.16 ガスパチョ
- P.18 すし酢マリネ
- P.20 のっけ丼
- P.22 冷や汁 & おにぎり

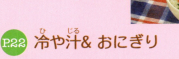

レンジや炊飯器を使って！

- P.40 炊飯器パエリア
- P.42 レンジオムライス
- P.44 レンジポテトサラダ
- P.46 炊飯器スペアリブ
- P.48 レンジしゅうまい
- P.50 炊飯器ポトフ
- P.52 レンジ焼きそば

火を使わないでできるスイーツ！

- P.56 すいかフルーツポンチ
- P.58 レンジプリン
- P.60 炊飯器チョコケーキ
- P.62 アイスクリームケーキ

はじめに

毎日食べているごはん
自分でも作ってみたいな〜と思ったら
作りたいものから、作ってみましょう！

同じトマトでも
他の材料や調味料との組み合わせで
いろいろなお料理ができます。

お料理の、無限大の可能性のおもしろさ
感じてもらえたら！と思います。

この本は火を使わないレシピを集めてみました。
包丁の練習にもなるのでがんばってチャレンジしてください。

おいしくできたら、次はお友だちも呼んで
お料理パーティしてくださいね！

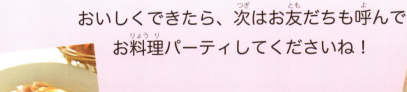

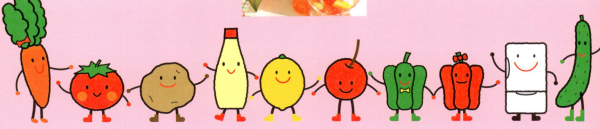

作りはじめる前に

大人の人といっしょに作りましょう！

包丁を使ったり、電子レンジを使ったりするので、
必ず大人の人といっしょにやりましょう。

★1 作る前に 作り方を読んでおきましょう！

全体がわかっていた方が、
スムーズに作れます。

★2 材料、用具はそろえてからはじめましょう！

途中で取りに行っている間に、
状態が変化することもあるので、
必ずそろえましょう。

★3 手を洗ってからはじめましょう！

作りはじめる前に、必ず
手を洗いましょう。

★4 計量はきちんと正確にしましょう！

正確でないと味が違ってきます。
計量もはじめにすませておきます。

★5 後片づけはしっかりしましょう！

最後まできちっと終わらせるのが、
料理作りのルールです。

下準備がキチンとできると安心だね！

◻包丁の使い方◻

包丁は刃物なので気をつけて扱いましょう。
はじめのうちは切りやすいやわらかいものから練習し、
徐々にかたいものが切れるようになりましょう。

包丁の持ち方

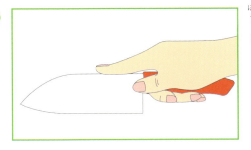

包丁はひとさし指を包丁の背に
あてて、柄をにぎります。

「しっかり持てば
あぶなくないんだね！」

切り方

やわらかいものは包丁を上から
下に押して切ります。
かたいものは、まず包丁を入れ
たら、押すように切ります。

食材の持ち方

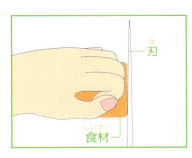

中指、ひとさし指の第1関節を
包丁の側面にあてるように、他
の指でしっかり食材を押さえま
す。力を入れすぎないように持
ちます。

せん切り

細切りよりもさらに細く切ります。

小口切り

ねぎなど丸くて細長いものを、端か
ら一定の幅で切ります。

みじん切り

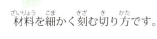

材料を細かく刻む切り方です。

◆切り方いろいろ◆

同じ食材でも、料理によっていろいろな切り方をします。
切り方のいろいろを覚えましょう！

> 切り方で味が違ったりします。おもしろいね！

輪切り
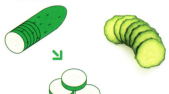
丸い棒状のものを端から一定の幅で切ります。

半月切り

丸い棒状のものを縦半分に切り、端から一定の幅で切ります。

いちょう切り

丸い棒状のものを縦に十文字に切り、端から一定の幅で切ります。

斜め切り
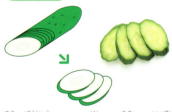
丸い棒状のものを端から斜めに一定の幅で切ります。

くし切り

玉ねぎやトマトなど丸い野菜を縦半分にし、中央から等分にくしの形に切ります。

拍子木切り

大根やにんじんなど、幅0.7～1cm、長さ4～5cmくらいの四角柱の形に切ります。

細切り

長さ4～5cm、幅0.5～0.8cmくらいに細長く切ります。

角切り

2～3cmの正方形に切ります。

乱切り

材料を回しながら不規則な形に切ります。大きさをそろえることがポイントです。

小房に分ける

きのこや、ブロッコリーを大きなかたまりから、小さな房に分けます。

ちぎる

レタスなど、包丁を使わずに手でちぎります。

すりおろす

大根やしょうがをおろし器を使ってすりおろします。

For Kids!! 7

調味料いろいろ

調味料には、いろいろあります。
この本で使われている調味料です。

塩

コショウ
しょうゆ

みりん

サラダ油

オリーブ油

ごま油

きちっと計量するのがポイントです。

酢

すし酢

はちみつ

グラニュー糖

バター

みそ

マヨネーズ

ケチャップ

固形コンソメ

カレー粉

ガラスープ

サフラン

用具いろいろ

作るためにはいろいろな用具が必要です。
代用できるものがあれば、それでもかまいません。

ボウル

包丁・ピーラー・まな板

キッチンばさみ

量る用具

すくう、つかむ、混ぜる用具

用具の名前も覚えましょう！

ざる

耐熱容器

抜き型

すりおろし器

はけ

じょうご

ラップ・アルミホイル・キッチンペーパー

紙カップ

牛乳パック・ペットボトル

For Kids!! 9

切って混ぜる！のせる！

材料を切って、調味料を入れて混ぜるだけで
できる料理もたくさんあります。
ここからはじめてみましょう！

切った大きさに、
大きい小さいが
あっても大丈夫です！

P.12 3つのディップのカナッペ

P.14 ポテトチップスサラダ

混ぜるときは、
混ぜすぎないように
注意してね。

P.16 ガスパチョ

P.18 すし酢マリネ

P.20 のっけ丼

P.22 冷や汁 & おにぎり

器選びもポイントです！お家の食器の中から選んでね！

3つのディップのカナッペ

ディップがいろいろあると楽しい！
かわいい星型のハムやチーズをのせて
作りながら食べましょう。
パーティにもぴったりです！

クラッカーの上に
ハムやチーズを置いて、
ディップをのせて、
プチトマト！

◨ さあ、作りましょう！

材料
4人分
- クラッカー 適量
- ハム 3枚
- スライスチーズ 3枚
- プチトマト 4個

用具
- まな板　はかり
- 包丁　星型
- 計量スプーン
- ボウル(小)
- スプーン

作り方

プチトマトは4等分のくし切りに、ハム、スライスチーズは星型で抜きます。

◨ 3つのディップ

きゅうりとトマトのディップ

材料
- きゅうり：1/4本
- トマト：1/2個
- オリーブ油：大さじ1
- 塩・コショウ：少々

1 きゅうりは5mm角に、トマトは7mm角に切ります。

2 ボウルに❶を入れ、オリーブ油、塩・コショウを加えて混ぜます。

ツナは油を切っておきます。

ツナとアボカドのディップ

材料
- ツナ(缶)：1/4缶
- アボカド：1/2個　レモン：1/8個
- マヨネーズ：大さじ1
- 塩・コショウ：少々

1 アボカドはスプーンですくい、ボウルに入れます。

2 レモンをしぼり、混ぜ合わせます。

3 油を切ったツナ、マヨネーズ、塩・コショウを入れて混ぜます。

クリームチーズのディップ

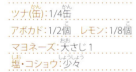

材料
- クリームチーズ：50g
- 玉ねぎ：1/16個　パセリ：少々
- マヨネーズ：大さじ1
- 塩・コショウ：少々

1 玉ねぎ、パセリはみじん切りにします。

2 クリームチーズはボウルに入れ、スプーンでやわらかくします。

3 ❶、マヨネーズ、塩・コショウを入れて混ぜます。

For Kids!! 13

ポテトチップスサラダ

ポテトチップスが入っただけで
サラダが人気者に！！
バリバリ割って入れましょう。
食感も楽しめるサラダです。

カレードレッシングもいいネ！

ドレッシングはペットボトルでカンタンに作れるよ！

さあ、作りましょう！

材料

4人分

ポテトチップス	1/2袋
きゅうり	1本
プチトマト	6個
パプリカ(オレンジ)	1/3個
ハム	4枚
レタス	1/2個

[フレンチドレッシング]

酢	大さじ3
サラダ油	大さじ6
塩・コショウ	少々
マヨネーズ	適量

用具

- まな板
- 包丁
- 計量スプーン
- サラダフォーク・スプーン
- ペットボトル(500mℓ)

作り方

1

きゅうりは輪切り、パプリカは細切りにし、プチトマトは半分に、ハムは8等分に切ります。レタスは手でちぎります。

2

器に❶を入れ、合わせます。

3 ドレッシングを作ります

ペットボトルにドレッシングの材料を入れ、ふたを閉め、よく混ざるまでふります。

4

ドレッシングをかけます。

5

ポテトチップスを手で割り、のせます。

6

マヨネーズを線を描くようにかけます。

ドレッシングバリエーション

カレードレッシング

材料
フレンチドレッシング
カレー粉　　　　　＋小さじ1

チーズドレッシング

材料
フレンチドレッシング
粉チーズ　　　　　＋大さじ1

りんごドレッシング

材料
フレンチドレッシング
りんごのすりおろし　＋1/2個分

ガスパチョ

難しそうに見えるけど
作り方はとってもカンタン！
切って、ミキサーに入れるだけ！
パンが入っているのでとろみもつきます。

さあ、作りましょう！

材料

3〜4人分

トマト	2個	フランスパン	8cm
きゅうり	1/2本	水	200ml
ピーマン	1個	オリーブ油	大さじ1
パプリカ(黄)	1/4個	塩・コショウ	少々
玉ねぎ	1/8個		

用具

まな板　包丁
ミキサー
計量カップ
計量スプーン

作り方

1

トマト、玉ねぎはくし切りにしてから半分に、ピーマン、パプリカは2cm角に切り、きゅうりは2cm厚さの半月切りにします。

2

飾り用のパプリカ、きゅうりは❶で切った3つを5mm角に切ります。

3

フランスパンは皮の部分をむき、中の白い部分をちぎります。

4

ミキサーに❶と❸を入れます。トマトを最初に、あとは順に入れます。

5

オリーブ油、塩・コショウを入れます。

6

水を入れます。

7

なめらかになるまでミキサーにかけます。器に入れ、冷蔵庫で冷やします。

8

飾り用のパプリカ、きゅうりをのせます。

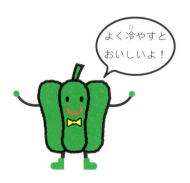

よく冷やすとおいしいよ！

すし酢マリネ

材料を切って、すし酢に漬けるだけ！
甘酸っぱいマリネが作れます。
すし酢から取り出しておけば、
漬かりすぎずに次の日も食べられます。

漬けすぎると味が濃くなるので、漬けすぎないようにしましょう。

🔲 さあ、作りましょう！

材料

4人分

きゅうり	1本	パプリカ(黄)	1/2個
にんじん	1本	プチトマト	8個
大根	5cm	すし酢	2カップ
セロリ	1/2本		

用具

まな板　包丁
ピーラー　計量カップ
ボウル(大)　ラップ

作り方

1

にんじん、大根は皮をむき、パプリカは種、へたを取り、プチトマトはへたを取ります。

2

きゅうりとにんじん、大根、セロリは1cm角、長さ4〜5cmの拍子木切り、パプリカは同じくらいの大きさに切ります。

3

ボウルに②を入れ、すし酢を入れます。

4

ラップを野菜にぴったりとつけるようにしてかけ、約1〜2時間くらい漬けます。

🔲 すし酢マリネを使って

サーモン、生ハムの上にマリネをのせて巻き、ピックでとめます。

のっけ丼

食べやすい大きさに切った具を
好きなようにごはんにのせて、
しょうゆをかけていただきます！
組み合わせでいろいろな味に！

あったかごはんにのせよう！

さあ、作りましょう！

作り方
ごはんを器に盛り、お好みのトッピングをのせ、しょうゆをかけます。

用具
まな板　包丁　キッチンばさみ　計量スプーン
ボウル(小)　スプーン　しゃもじ

トッピングバリエーション

ツナマヨ

材料
ツナ(缶)　1/3缶
マヨネーズ　大さじ2
塩・コショウ　少々

作り方
ツナは油を切り(P.13)、マヨネーズ、塩・コショウを入れて混ぜます。

きゅうり

材料
きゅうり　1/2本

作り方
縦4等分に切り、1cm幅に切ります。

明太子

材料
明太子　1/2腹

作り方
1.5cm幅に切ります。

オクラおかか

材料
オクラ　3本
かつお節　大さじ2
しょうゆ　大さじ1/2

作り方
オクラはへたを取り、小口切りにし、かつお節、しょうゆを入れて混ぜます。

まぐろ

材料
まぐろ　1/2さく

作り方
1.5cm角に切ります。

しらす

サーモン

材料
サーモン　1/2さく

作り方
1.5cm角に切ります。

万能ねぎ・白ごま・焼きのり

材料
万能ねぎ　2本
白ごま　大さじ1
焼きのり　1/4枚

作り方
万能ねぎは小口切り、焼きのりは1cm角に切り、白ごまと混ぜます。

大葉　かいわれ大根

アボカド

材料
アボカド　1/2個
レモン　1/8個

作り方
アボカドは皮をむき、薄く切り、レモンをしぼります。

For Kids!! 21

冷や汁 & おにぎり

ツナにお味噌とすりゴマを混ぜて
お水を注いで、切った野菜を入れただけ！
氷を入れたらできあがりです。
おにぎりといっしょに食べましょう！

氷を入れて冷やしてネ！

[おにぎり]

材料

2個分
ごはん	お茶碗2杯分
たらこ	1/6腹
鮭そぼろ	大さじ1
塩	少々
焼きのり	1枚

用具

- しゃもじ
- キッチンばさみ
- ラップ

作り方 1

お茶碗にラップをのせ、その上にごはんをのせ、真ん中に具をのせます。

さあ、作りましょう！

[冷や汁]

材料

4人分

きゅうり	1本	みそ	大さじ4
トマト	1/2個	すりごま	大さじ3
パプリカ(黄・オレンジ)	各1/3個	水	3カップ
ツナ(缶)	1缶	氷	適量

用具

- まな板　包丁
- 計量カップ
- 計量スプーン
- ボウル(大・中)
- スプーン
- おたま

作り方

1

きゅうりは小口切りにし、トマト、パプリカは1.5cm角に切ります。

2

ボウルにきゅうりを入れて、塩(分量外)をふって混ぜ、少しおき、軽く水気を絞ります。

3

ツナは油を切り(P.13)、ボウルに入れ、みそ、すりごまを入れて、スプーンでツナが細かくなるまで混ぜます。

4

水を少しずつ入れ、混ぜます。

5

❶を入れて、混ぜます。

6

氷を入れます。

2

ラップで包み、軽く三角ににぎります。

3

ラップを外し、塩をふり、もう一度ラップで包んでにぎります。

4

焼きのりは1枚を斜め半分に切り、おにぎりをのせます。

5

焼きのりを下側、左右の順に巻きます。

切って巻く！はさむ！

材料を切って、巻いたり、はさんだり！
作り方も食べ方も楽しい料理です。
できたら、みんなと食べましょう！

ちょっとした
パーティにも
いいですね！

P.26 生春巻き

P.28 スタッフドバゲット

材料がきれいに
切れていると、
見ためもきれいです！

P.30 ピンチョス

P.32 おにぎらず

P.34 サンドイッチ

P.36 キンパ

お弁当に持って行ってもいいですね〜!

生春巻き

ライスペーパーは水につけるだけ！
しっかりくっつくので巻きやすいです。
食材を切っておいて
巻きながら食べるパーティもいいですね！

> マヨネーズ、スイートチリソースで食べましょう。

さあ、作りましょう！

材料

4人分

ライスペーパー	4枚	にんじん	1/2本
ゆでえび	6尾	レタス	1/3個
生ハム	4枚	水菜	2株
きゅうり	1/3本		

用具

- まな板
- 包丁
- ピーラー
- ボウル(大)

作り方

1 えびは殻、尾を取り、横半分に、水菜は半分に切ります。レタスはちぎります。きゅうり、皮をむいたにんじんは6cm長さのせん切りにします。

2 ボウルに水を入れ、ライスペーパーをさっと水にくぐらせます。

3 ライスペーパーを皿にのせ、真ん中にえびをのせます。

4 生ハムをのせます。

5 レタス、きゅうり、にんじんをのせます。

6 両端を折ります。

7 真ん中に水菜をのせます。

8 手前から具を包むように巻きます。

9 半分に切ります。

できあがり！

スタッフドバゲット

フランスパンとクリームチーズの
相性(あいしょう)が抜群(ばつぐん)です！
ドライフルーツとはちみつで
よりおいしくなりますね。

🔲 さあ、作りましょう！

材料

4人分
- フランスパン　1/2本
- クリームチーズ　100g
- はちみつ　大さじ1と1/2
- ドライフルーツ　大さじ3

用具
- テーブルナイフ
- 計量スプーン
- ボウル(小)
- スプーン
- ラップ

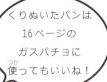

> くりぬいたパンは16ページのガスパチョに使ってもいいね！

作り方

1

フランスパンの中身をテーブルナイフで取り出します。

2

ボウルにクリームチーズを入れ、スプーンでやわらかくします。

3

はちみつを入れて混ぜます。

4

ドライフルーツを入れて混ぜます。

5

くりぬいたフランスパンに詰めます。

6

ラップで包み、冷蔵庫で冷やします。

🔲 バリエーション

ドライフルーツの代わりにナッツを入れます。

> クリームチーズとナッツもおいしいよ！

ピンチョス

彩りや大きさを考えて
楽しくさしていきましょう！
土台の大根もアルミホイルでくるめば
おしゃれな台になりますね。

マヨネーズを
つけて食べても
いいですね

さあ、作りましょう！

材料

3人分

プチトマト(赤・黄)	各3個	ちくわ	1本
きゅうり	1本	チーズ	適量
パプリカ(赤・黄・オレンジ)	各1/3個	生ハム	3枚
オクラ	1本	大根	適量
かまぼこ	1/3本		

用具

まな板　包丁
ピーラー
星型　ハート型
ピック
アルミホイル

ピンチョスバリエーション

プチトマト＆ひらひらきゅうり

きゅうりはピーラーで薄く切ります。

星パプリカ＆ちくわ

ちくわきゅうり

ちくわに切ったきゅうりを入れて切ります。

ハートかまぼこ＆オクラ＆ちくわ

パプリカ＆生ハムリボン＆ハートかまぼこ

生ハムは中心にひだをよせてとめます。

星パプリカ＆チーズの生ハム巻き

チーズは生ハムを巻きます。

星パプリカ＆チーズ

プチトマト＆チーズのきゅうり巻き

チーズはピーラーで薄く切ったきゅうりを巻きます。

オクラ＆かまぼこ＆星パプリカ

アルミホイルで巻いた大根にピンチョスをさします。

おにぎらず

人気のおにぎらずです。
のりのごはんの位置が決め手です。
包みやすいように少なめに！
慣れてきたら、いろいろはさんでみましょう！

私をはさんでも おいしいと 思うな！

◘ さあ、作りましょう！

材料

2個分		用具
ごはん	お茶碗2.5杯分	まな板
たらこ	1/4腹	包丁
鮭そぼろ	大さじ2	スプーン
大葉、サラダ菜	各2枚	しゃもじ
焼きのり	2枚	ラップ

作り方

1 たらこはスプーンで皮をはずします。

2 ラップを広げ、焼きのりをのせます。

3 真ん中に1個分の半量のごはんをのせます。

4 たらこ（または鮭そぼろ）をのせます。

5 大葉（またはサラダ菜）をのせます。

6 上に残りの半分のごはんをのせます。

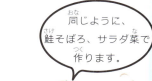

同じように、鮭そぼろ、サラダ菜で作ります。

7 焼きのりの手前、向こう側を折り合わせます。

8 左右を折ります。ラップで包みます。

9 ラップの上から半分に切ります。

サンドイッチ

はさむだけで、とってもカンタン！
お弁当にもなりますね。
フルーツサンドはかわいいピックで
デザートやパーティにぴったりです。

■ さあ、作りましょう！

材料

4人分
サンドイッチ用パン 8枚

[ツナマヨサンド]
ツナ(缶) 1/3缶
マヨネーズ 大さじ2
塩・コショウ 少々

[ハムサンド]
きゅうり 1/2本　ハム 2枚
マヨネーズ 適量

[フルーツサンド]
いちご 3個　キウイ 1/2個
黄桃(缶)(8つ割り) 3個
ホイップクリーム 適量

用具
まな板
包丁
計量スプーン
ボウル(小)
スプーン
バターナイフ

作り方

1

きゅうりは斜めに、いちご、キウイ、黄桃は1cm角に切ります。

2 ツナマヨサンド

ツナは油を切り(P.13)、マヨネーズ、塩・コショウを入れて混ぜます。

3

パンにのせて、はさみます。

4 ハムサンド

パンに薄くマヨネーズを塗ります。

5

きゅうりをのせます。

6

ハムをのせて、はさみます。

7 フルーツサンド

パンにホイップクリームを絞ります。

8

フルーツをのせて、はさみます。

切り方

サンドイッチを三角や四角に切り、ピックをさします。

キンパ

韓国ののり巻きです。
ごはんにごま油とごまを混ぜて
せん切りにした具を巻きます。
仕上げにごま油を塗るのがポイントです。

しっかり巻くのが
ポイント！

さあ、作りましょう！

材料

2人分（2本分）

[ごまごはん]
- ごはん　お茶碗3杯分
- 白ごま　大さじ2
- ごま油　大さじ1
- 焼きのり　2枚
- ごま油　少々

[具]
- にんじん　1/3本
- きゅうり　1/2本
- たくあん(半割り)　6㎝
- かにかまぼこ　4本

用具

- まな板　包丁
- ピーラー
- 計量スプーン
- しゃもじ　ボウル(中)
- ラップ　はけ

作り方

1

きゅうりと皮をむいたにんじんはせん切り、たくあんは細切りにし、かにかまぼこは割きます。

2

ボウルにごはんを入れ、白ごま、ごま油を入れて混ぜます。

3

ラップを広げます。

4

焼きのりをのせます。

5

焼きのりの向こう側を3㎝くらい残して、ごはんを広げます。

6

中心にを並べてのせます。

7

ラップごと持ち上げて、手前から巻きます。

8

しっかり巻きます。

9

食べやすい大きさに切ります。
ラップをはずし、はけでごま油を塗ります。

For Kids!! 37

レンジや炊飯器を使って！

火を使わなくても加熱できる
レンジや炊飯器がとっても便利！
上手に使えば、いろいろなものが作れます。
レパートリーを広げましょう！

P.40 炊飯器パエリア

あつ
熱いので
気をつけてね！

P.42 レンジオムライス

今日の晩ごはんは
任せてもらいましょう！

P.44 レンジポテトサラダ

盛りつけは、高さをだすようにするとかっこいいです！

P.46 炊飯器スペアリブ

P.48 レンジしゅうまい

P.50 炊飯器ポトフ

P.52 レンジ焼きそば

For Kids!! 39

炊飯器パエリア

豪華なパエリアが炊飯器で作れます。
材料を入れるだけで簡単です。
取り分けたら、
レモンをしぼって食べましょう！

魚やイカ、タコを足してもいいね！

◻ さあ、作りましょう！

材料

4人分

米	3合	鶏モモ肉	80g
玉ねぎ	1/4個	サフラン	少々
ピーマン	1個	ぬるま湯	540ml
赤ピーマン	1個	固形コンソメ	1個
えび	4尾	塩・コショウ	少々
あさり(砂ぬき)	100g	レモン	1/2個

用具

包丁　まな板
はかり　計量カップ
ボウル(中・小)
ざる　スプーン
菜箸　炊飯器

作り方

1

米は洗ってざるにあげて約30分置きます。

2

玉ねぎはみじん切りに、ピーマン、赤ピーマンは種を取って輪切りにし、鶏肉は2cm角に切ります。

3

ボウルにサフラン、コンソメ、塩・コショウを入れ、ぬるま湯を入れて混ぜ、サフランの色が出るまでおきます。

4

炊飯器に米、❸を入れ、玉ねぎ、鶏肉を入れて混ぜます。

5

えび、あさりをのせ、炊飯器の白米の普通炊きスイッチを入れて炊きます。

「サフランの代わりにカレー粉、ターメリックでもOK！」

6

炊きあがったら、ピーマン、赤ピーマンをのせて10分ほど蒸らします。

「器によそったら、レモンをつけてね！」

レンジオムライス

オムライスの具はレンジで！
卵もレンジで！
火を使わないでできるカンタンオムライスです。
ごはんの形はラップで整えて、かっこよく！

チキンライスの具を
ソーセージにしても
いいネ！

ピーマンや
にんじんを
入れても！

◘ さあ、作りましょう！

材料

1人分

[チキンライス]
ごはん	お茶碗2杯分
鶏むね肉	60g
玉ねぎ	1/8個
ケチャップ	大さじ4
塩・コショウ	少々

[スクランブルエッグ]
卵	2個
塩・コショウ	少々
ケチャップ	適量

用具

まな板	包丁	はかり
計量スプーン	ボウル(中)	
耐熱の器	耐熱のボウル	
しゃもじ	菜箸	
スプーン	ラップ	
電子レンジ		

作り方

1

鶏肉は1.5cm角に切り、玉ねぎはみじん切りにします。

2 熱いので気をつけて!!

耐熱の器に❶を入れ、ラップをかけて500Wの電子レンジで約1分半温めます。

3

ボウルにごはんを入れ、❷、ケチャップ、塩・コショウを入れて混ぜます。

4

皿にのせ、ラップをかけ、形を整えます。

5 熱いので気をつけて!!

耐熱のボウルに卵、塩・コショウを入れ、箸で溶きほぐし、ラップをかけ、電子レンジで約50秒温めます。

6

箸で混ぜます。

7 熱いので気をつけて!!

15秒ごと、電子レンジで温めては、混ぜる、を3回繰り返し、さらに10秒温めて混ぜます。

8

❹にのせます。

9

ケチャップをかけます。

レンジポテトサラダ

ポテトサラダのポイントは
じゃがいものつぶし加減(かげん)とマヨネーズの量(りょう)！
好(す)きなくらいのつぶし加減(かげん)で作(つく)りましょう。
最後(さいご)は星型(ほしがた)のハムで飾(かざ)りましょう。

さあ、作りましょう！

材料

4人分

じゃがいも	2個	りんご	1/4個
にんじん	1/4本	マヨネーズ	大さじ5
きゅうり	1/3本	塩・コショウ	少々
ハム	2枚		

用具

まな板　包丁
ピーラー　星型
計量スプーン
ボウル(中)　ラップ
スプーン　電子レンジ

作り方

1 じゃがいも、にんじんは皮をむきます。

2 ラップで包みます。じゃがいもは500Wの電子レンジで1個約3分半、にんじんは約1分温めます。

＊熱いので気をつけて!!

3 ハムは星型で抜きます。

4 きゅうりは小口切り、にんじんはいちょう切り、りんごは5mm厚さの薄切りにします。ハムは抜いた残りを1cm角に切ります。

5 ボウルにじゃがいもを入れ、スプーンでつぶします。

6 マヨネーズ、塩・コショウを入れて混ぜます。

7 ❹を入れて混ぜます。

8 ❼をツリー型にし、❸を飾ります。

じゃがいものつぶし加減は、好きな感じで！

For Kids!! 45

炊飯器スペアリブ

炊飯器で作ったとは思えない
びっくりするほどしっかりした味です！
大根もおいしく煮えます。

ごはんがすすむおかずです！

さあ、作りましょう！

材料

4人分
- スペアリブ 450g
- 大根 1/4本
- 玉ねぎ 1/4個
- しょうゆ 大さじ3
- みりん 大さじ3

用具
- まな板　包丁
- ピーラー
- すりおろし器
- 計量スプーン　はかり
- ボウル(小)　スプーン
- トング　炊飯器

作り方

1. 大根はピーラーで皮をむきます。

2. 大根は乱切りにします。

3. 玉ねぎはすりおろします。

4. ❸にしょうゆ、みりんを入れて混ぜます。

5. 炊飯器にスペアリブを入れます。

6. 大根を入れます。

7. ❹を入れ、炊飯器の白米の普通炊きのスイッチを入れます。

8. スイッチが切れたら保温にし、上と下を返し、ふたをして約20分蒸らします。

熱いので気をつけて!!

積み上げるように盛りつけるとおいしそう！

レンジしゅうまい

はんぺんが大事な役割をしています。
豚ひき肉をしっかり混ぜるのがコツです。
ビニール袋は破れないように気をつけて！
アツアツを食べてもらいましょう。

さあ、作りましょう！

材料

3人分

豚ひき肉	120g	塩・コショウ	少々
はんぺん	1/2枚	しゅうまいの皮	12枚
長ねぎ	1/3本	グリンピース(缶)	12個
ガラスープの素	小さじ1/2		

用具

- まな板　包丁
- 計量スプーン　はかり
- ビニール袋
- 耐熱の紙カップ
- キッチンペーパー
- 電子レンジ

作り方

1

長ねぎはみじん切りにします。

2

ビニール袋に小さくちぎったはんぺんを入れ、手でつぶします。

3

ひき肉、1、ガラスープの素、塩・コショウを入れ、ビニール袋の上から、手でよくこねます。

4

ビニール袋の口を縛り、下の端を三角に切ります。

5

耐熱の紙カップにしゅうまいの皮を敷きます。

6

絞り入れます。

7

グリンピースをのせます。

8

耐熱皿にのせ、ぬらしたキッチンペーパーをかけます。

500Wの電子レンジで約4分温めます。

炊飯器ポトフ

コトコト煮込んだ味に仕上がるのがうれしい
とってもカンタンな炊飯器ポトフです。
好きなウインナーを入れて煮込みましょう。
スープもおいしいので残さず食べられます。

さあ、作りましょう！

材料

4人分

玉ねぎ	1個	ベーコン	3枚
にんじん	1本	ウインナー	8本
じゃがいも	2個	水	600ml
キャベツ	1/4個	固形コンソメ	1個
トマト	1個	塩・コショウ	少々
しめじ	1パック		

用具

- まな板
- 包丁
- 計量カップ
- 炊飯器
- おたま

作り方

1

玉ねぎ、トマトは4等分のくし切り、にんじんは皮をむき、6cm長さに切り、縦に4等分に、キャベツは半分に、ベーコンは3等分に切ります。じゃがいもは皮をむき、半分に切り、水にさらします。しめじは小房に分けます。

2

炊飯器にベーコンを並べます。

3

①の野菜を入れます。

4

ウインナーを入れます。

5

くだいたコンソメ、塩・コショウを入れます。

6

水を入れます。

7

炊飯器の白米の普通炊きのスイッチを入れます。スイッチが切れたら、できあがり。

カレー粉を入れてカレー味にしてもおいしいよ！

レンジ焼きそば

クッキングシートの上に材料をのせて
そのまま包んで電子レンジへ
あっという間に焼きそばの完成！
包んでおいて、食べたい時に食べてもいいですね。

紅しょうがと青のりはお好みで！

さあ、作りましょう！

材料

1人分

焼きそば	1玉	焼き豚	3枚
もやし	1/3袋	焼きそば用粉ソース	1袋
キャベツ	1/8個	紅しょうが	適量
ピーマン	1/2個	青のり	少々
にんじん	1/4本		

用具

まな板　包丁
ピーラー
菜箸
クッキングシート
電子レンジ

作り方

1
皮をむいたにんじん、キャベツ、ピーマン、焼き豚は1cm幅に切ります。

2
クッキングシートを45cmの長さに切り、焼きそばをのせ、ほぐします。

3
ソースをかけます。

4
もやしと❶をのせます。

5
クッキングシートの手前と向こう側の端を合わせます。

6
そのまま2回折りたたみます。

7
両端をくるくるとひねって閉じます。

8
500Wの電子レンジで約4分温めます。

9
混ぜ合わせます。お好みで青のりと紅しょうがをのせます。

熱いので気をつけて!!

For Kids!! 53

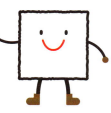

火を使わないでできる スイーツ！

スイーツもいろいろできます。
おやつとして作るのはもちろん、
お料理といっしょに作って
デザートにしてもいいですね！

P.56 すいかフルーツポンチ

P.58 レンジプリン

> プレゼントにも いいですね！

> デザート作りは たのしいですね。

P.60 炊飯器チョコケーキ

P.62 アイスクリームケーキ

みんなに作ってあげて、ワイワイ楽しく食べましょう！

パーティしましょう！！

スイーツとお料理を組み合わせてパーティしましょう。

P.14 サラダ

P.12 カナッペ

P.40 レンジパエリア

P.26 生春巻き

＋スイーツ！

他にもいろいろな組み合わせで
パーティしましょう！

For Kids!! 55

すいかフルーツポンチ

すいか丸ごとのフルーツポンチです。
ギザギザに切ったふたもポイントです。
中身は好きなフルーツを足してもいいですね。

パーティのデザートに！

さあ、作りましょう！

材料

4人分
すいか(小)	1玉	黄桃(缶)(8つ割り)	6個
キウイ	1個	チェリー(缶)	6個
りんご	1/4個	サイダー	適量
みかん(缶)	1/3缶		

用具

- まな板
- 包丁
- ボウル(小)
- スプーン

作り方

1

すいかは底を少し切って平らにします。

2

包丁ですいかの上1/4くらいのところにジグザグに刃を入れて、切ります。

3

1周して切り、ふたと器に分けます。

4

中身をスプーンですくい、ボウルに入れ、種を取ります。

5

器のできあがり。

6

キウイは皮をむき、1cm厚さのいちょう切りにし、りんごは芯を取り、1cm厚さに、黄桃は半分に切ります。

7

⑥、すいか、みかん、チェリーを入れます。

8

サイダーを注ぎます。

器に盛ったらチェリーを真ん中にのせて、できあがり！

For Kids!! 57

レンジプリン

卵とグラニュー糖と牛乳だけで作れます。
こんなにカンタンに作れるなんて！と
驚かれるくらいのレンジプリンです。
冷たく冷やして食べましょう！

◘ さあ、作りましょう！

材料

4個分
卵　　　　　2個
グラニュー糖　40g
牛乳　　　　250ml

用具

ボウル(中)　泡立て器
はかり　計量カップ
ざる　電子レンジ
容器(耐熱のガラスビン、カップ)

作り方

1
ボウルに卵を入れ、泡立て器でほぐします。

2
グラニュー糖を入れて混ぜます。

3
牛乳を少しずつ入れて混ぜます。

4
計量カップにざるをのせ、こします。

5
耐熱のビンに流し入れます。

6

熱いので気をつけて!!

500Wの電子レンジで2個ずつ、約2分温め、ラップをかけ、そのままおきます。

熱くなくなったら、冷蔵庫に入れて冷やします。

★容器の大きさによって、温める時間が変わります。様子をみて加減しましょう。

◘ バリエーション

ガラスのカップで作り、ホイップクリームを絞り、トッピングシュガーをのせます。

For Kids!!

炊飯器チョコケーキ

炊飯器の中で作るので
危なくないのがいいですね。
板チョコを割り入れているのが
そのまま残っていておいしいですね。

ケーキに
クリームをかけて、
カラースプレーをのせて
ミントを飾ります。

[デコレーション]

材料

生クリーム	100ml
グラニュー糖	大さじ1
カラースプレー	少々
ミント	少々

用具

計量カップ　計量スプーン
ペットボトル(500ml)

作り方

1
生クリームにグラニュー糖を入れます。

2
ペットボトルに入れます。

3
ふたをして、少し重くなってくるまでふります。

さあ、作りましょう！

[チョコケーキ]

材料

1台分
- ホットケーキミックス 120g
- ココア 30g
- グラニュー糖 40g
- 卵 2個
- 牛乳 大さじ3
- 無塩バター 40g
- 板チョコ 1枚

用具
- ボウル(大・中)　泡立て器
- はかり　計量カップ
- 計量スプーン　耐熱の器
- ラップ　スプーン
- 炊飯器　電子レンジ

下準備

1 炊飯器にバター（分量外）を薄く塗ります。

2 ボウルにホットケーキミックス、ココアを入れて混ぜます。

作り方

1 別のボウルに卵、グラニュー糖を入れ、泡立て器で混ぜます。

2 牛乳を入れて混ぜます。

3 ❷の粉類を入れて混ぜます。

熱いので気をつけて!!

4 耐熱の器にバターを入れ、ラップをかけ、500Wの電子レンジで約1分温めます。

熱いので気をつけて!!

5 ❸に❹を入れて混ぜます。

6 炊飯器に流し入れます。

7 板チョコを割って入れ、混ぜます。

8 炊飯器の白米の普通炊きのスイッチを入れます。スイッチが切れたらできあがりです。

9 お皿に返します。

For Kids!! 61

アイスクリームケーキ

アイスクリームに凍ったフルーツを入れて
新しいアイスクリームにします！
切り口がきれいなのがポイントです。
切って食べましょう！

好きなフルーツで作ってもいいですね。

さあ、作りましょう！

材料

4人分

バニラアイスクリーム	4個
いちご	5個
キウイ	1個
黄桃(缶)(8つ割り)	5個
フィンガービスケット	10本
ホイップクリーム	適量

用具

- まな板
- 包丁
- バット
- 牛乳パック
- ボウル(大)
- スプーン
- ラップ

作り方

1

いちご、キウイ、黄桃は1cm角に切ります。

2

フィンガービスケットを半分に切ります。

3

❶をバットに並べ、冷凍庫で冷やし固めます。

4

アイスクリームはボウルに入れ、スプーンで少しやわらかくします。

5

❸を加えて混ぜます。

6

牛乳パックに入れ、ラップをかけ、冷凍庫で冷やし固めます。

7

固まったら、牛乳パックをはがし、皿にのせます。

8

フィンガービスケットにホイップクリームをつけます。

9

フィンガービスケットをケーキのまわりにはります。

著者プロフィール
寺西 恵里子 てらにし えりこ

（株）サンリオに勤務し、子ども向けの商品の企画デザインを担当。退社後も"HAPPINESS FOR KIDS"をテーマに手芸、料理、工作を中心に手作りのある生活を幅広くプロデュース。その創作活動の場は、実用書、女性誌、子ども雑誌、テレビと多方面に広がり、手作りを提案する著作物は550冊を超え、ギネス申請中。

寺西恵里子の本
『子どもの手芸 かわいいラブあみ』『かぎ針で編む 猫のあみぐるみ』(小社刊)
『楽しいハロウィン コスチューム＆グッズ』(辰巳出版)
『0・1・2歳のあそびと環境』(フレーベル館)
『365日子どもが夢中になるあそび』(祥伝社)
『3歳からのお手伝い』(河出書房新社)
『猫モチーフのかわいいアクセサリーとこもの』(ブティック社)
『きれい色糸のかぎ針あみモチーフ小物』(主婦の友社)
『はじめての編み物 全4巻』(汐文社)
『30分でできる! かわいい うで編み＆ゆび編み』(PHP研究所)
『チラシで作るバスケット』(NHK出版)
『かんたん手芸5 毛糸で作ろう』(小峰書店)
『リラックマのあみぐるみ with サンエックスの人気キャラ』(主婦と生活社)
『ハンドメイドレクで元気! 手づくり雑貨』(朝日新聞出版)

撮影　　　奥谷仁
デザイン　ネクサスデザイン
作品制作　並木明子
校閲　　　校正舎楷の木
企画・進行　鏑木香緒里

ひとりでできる！ For Kids!! うれしい包丁デビュー！
火を使わないで作るごはん

2016年11月20日 初版第1刷発行
2019年8月20日 初版第3刷発行

著者●寺西 恵里子
発行者●穂谷 竹俊
発行所●株式会社 日東書院 本社

〒160-0022　東京都新宿区新宿2丁目15番14号 辰巳ビル
TEL●03-5360-7522（代表）FAX●03-5360-8951（販売部）
振替●00180-0-705733　URL●http://www.TG-NET.co.jp

印刷●大日本印刷株式会社　製本●株式会社セイコーバインダリー

本書の無断複写複製（コピー）は、著作権法上での例外を除き、著作者、出版社の権利侵害となります。
乱丁・落丁はお取り替えいたします。小社販売部までご連絡ください。

© Eriko Teranishi 2016, Printed in Japan　ISBN 978-4-528-02088-7　C2077